REGISTRACIÓN – Escriba con letra clara.

Lugar de la clase: _____ Permiso para tomarle fotos ☐Si ☐No

Nombre: _____ Fecha: _____

Dirección: _____ Ciudad: _____ C.P.: _____

Numero de Teléfono: _____ Fecha de Nacimiento: _____

Raza: ☐Blanco ☐Latino ☐Asiático ☐Afroamericano ☐Nativo Americano ☐Otro _____

☐ Masculino ☐Femenino Numero de personas que viven en su casa: _____

Estado Civil: ☐Soltero ☐Casado ☐Divorciado ☐Separado ☐Otro _____

Ingreso Mensual Promedio: Usted $ _____ Esposo(a) $_____ Familia _____

¿En donde escucho de este programa? _____

Si alguien le dijo del programa, por favor díganos donde ellos escucharon de este programa _____

¿Que le gustaría aprender en esta clase? _____

Por favor conteste Si o No:	Si	No
¿Alguna vez ha creado un presupuesto?		
¿Tiene cuenta de banco?		
¿Entiende el precio por onza?		
¿Tiene un ahorro?		
¿Come mas de 5 veces a la semana en restaurantes o fuera de casa?		
¿Su celular tiene acceso al internet?		
¿Tiene lavadora y secadora en su casa?		
¿Lleva una lista de donde gasta su dinero?		
¿Tiene un plan por si recibe dinero extra, como el rembolso de los impuestos?		
¿Le gusta ir al casino o comprar boletos de lotería?		
Marque donde debe dinero: ☐Tarjeta de Crédito ☐Casa de Empeño ☐Prestamista ☐Amigos/Familia ☐Deudas Medicas ☐Prestamos Estudiantiles ☐Costos Funerarios		

¡Desprenda esta hoja y désela al Entrenador!

El Dinero y YO

In God We Trust

Universidad

WOW!

Libro de Trabajo

Edición Frases Sabias

Sara Money

LA AUTORA

Sara Money es una experta y diseñadora de un sistema de educacion financiera para organizaciones que quieren ayudar a personas a mejorar su situacion financiera (ejemplo: que viven de cheque a cheque).

- Autora de doce libros sobre Educación Financiera
- Maestría en Consejeria, 1998,Universidad Webster
- Licenciatura en Psicología y Comunicaciones, 1992, Universidad de Nuevo México (UNM)
- Consejera, Escuelas Públicas de Albuquerque
- Coordinadora de Iniciativa y Liderazgo Urbano (DVULI)
- Directora Ejecutiva, Love INC (Amor en el Nombre de Cristo) de Albuquerque
- Directora de Centro de Llamadas, Love INC (Amor en el Nombre de Cristo) de Albuquerque
- Consejera y Asesora, Job Corps
- Especialista en la División de Ingresos, Departamento de Servicios Humanos de Nuevo Mexico
- Voluntraria, Centro de Crisis para víctimas de Abuso sexual, Centro Agora de UNM

Y en caso de que se pregunte, si Sara Money es su nombre real.
Así es, es su nombre de nacimiento.

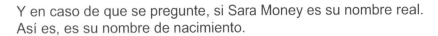

TABLA DE CONTENIDO

MENSAJE DE SARA

¿Le ha pasado que tiene dinero al principio del mes, pero para fin de mes desaparece? No es el único. Muchas personas gastan su dinero en cosas que quieren, pero que no necesitan. Otras gastan su dinero por malos hábitos, emociones o adicciones. Cualquiera que sea su caso, el programa El Dinero y YO es para usted.

En 2011, fui desafiada a enseñar una clase de cómo manejar mejor el dinero a personas de bajos ingresos. Mi primer intento fue usar los conceptos del manejo del dinero de programas financieros para personas de clase media. De inmediato descubrí que estos programas usan palabras como "vacaciones" "tintorería" o "seguro de vida". Estas palabras y conceptos son poco conocidos para las personas que viven con una pensión o con el salario mínimo.

El programa del Dinero y YO fue diseñado para ser simple, fácil de entender y para ayudar a las personas a tomar control de su dinero. Si usted puede aprender y aplicar uno de estos conceptos, empezara con el proceso de tomar control y manejar mejor su dinero. He visto personas que ahorran hasta $300 al mes cuando dejan de rentar películas, comprar sodas, papitas diariamente.

Las personas que han implementado los conceptos que se enseñan aquí han sido capaces de pagar sus deudas y aprender a vivir dentro del límite de sus ingresos. Me di cuenta de que mucha gente, como los que reciben Seguro Social o incapacidad, siempre pueden ser considerados de bajos ingreso; y, aun así, he visto la alegría cuando ellos se dan cuenta que pueden tener libertad financiera y tener éxito en otras áreas de sus vidas.

El Dinero y YO empezó con una hoja sencilla de presupuesto, ajustada al lenguaje que hablan las personas de bajos ingresos. Y ahora es un libro completo de trabajo con PowerPoint y entrenamiento. Muchas personas ayudaron con el desarrollo, incluyendo extensivas búsquedas y participando en grupos de enfoque. Todos los conceptos e ideas enseñadas son sencillas, pero tratando de hacer un cambio en los participantes.

Le invito a ser parte del Programa del Dinero y YO. Lo importante es recordar que El Dinero y YO, puede ser exitoso en las personas que están dispuestas a cambiar sus viejos hábitos y su manera de pensar. Usted ha sido creado por Dios y Él tiene un propósito especial para usted. Oro que usted caminara con El a través de este proceso. Empiece el viaje, tomando mejores decisiones, las cuales impactaran los años por venir.

Sara Money, Autora y Diseñadora del programa El Dinero y YO

AGRADECIMIENTOS

Desde el primer día, este programa ha tenido la colaboración de muchas personas, la cual incluyen búsqueda intensiva y grupos de enfoque. Cada vez en el programa del Dinero y YO fue presentado, mejorías fueron añadidas. Cada persona sin importar su rol dio su percepción en el desarrollo del Dinero y YO. Este programa no existiría sin la inspiración de Dios y las asombrosas personas que El, reunió para este proyecto.

Es un honor y placer agradecer a las siguientes personas:

Mi familia:
- Mi hija, Emily, que me inspiró a mantener el programa del Dinero y YO sencillo.
- Mi mamá, Charlene Greenwood, por corregir hojas, presentación y el contenido del PowerPoint, a veces trabajando de noche para entregar a tiempo.

Editores:
- Lauren Leggee, Asistente Administrativa de Love INC, por compartir su conocimiento del mundo de bajos ingresos, ayudando a desarrollar los grupos de enfoque y algunas veces siendo parte de ellos.
- Tori Pilcher, Encargada del Centro de Donaciones de Love INC, Coordinadora/ Entrenadora del Dinero y YO, ayudando con muchos componentes, aconsejando en el diseño de las hojas y revisando el contenido
- Glenda Austin, Administradora, Departamento de Admisiones en la Universidad Trinity Southwest, por su perspectiva y ayuda con el diseño gráfico.
- Paula Avery, Mike Henderson e Yvonne Lara, miembros del Grupo de Escritores de Love INC, por sus comentarios.

Otros:
- Edith Carreón por traducir todo a español y compartir su conocimiento de la cultura hispana.
- La Mesa de directores de Love INC 2014: Robert Voss, Anthony Lovato, Kevin Johnson, Steve Denning y Terry Dwyer por sus oraciones y apoyo.
- Mickey Beisman, abogado, que me dio ánimo y ayuda legal.
  Mike Cosgrove, Exdirector de Ministerios financieros True North, por compartir su conocimiento y experiencia en los principios del manejo de dinero.

CONOCIENDO A ALGUIEN NUEVO

Conocer nuevas personas y desarrollar nuevas amistades le ayudara a usted y a su familia. Es bueno conocer nuevas personas. Busque a alguien que no conoce y pregúntele las siguientes preguntas. Tome notas y cuando termine, usted les presentara esta persona a los demás en su clase.

1. ¿Cuál es su nombre?

_____

_____

2. ¿Donde nació?

_____

_____

3. ¿Quién es su artista favorito película y por qué?

_____

_____

4. ¿Cuál es su estación favorita (invierno, primavera, verano, otoño) y por qué?

_____

_____

5. Piense en otras cosas que le puede preguntar para conocerla mejor. Escribe notas que le ayuden a recordar.

_____

_____

Ahora escriba las cosas que son similares y diferentes entre usted y la persona que acaba de conocer.

Similares	Diferentes

Sección 1: Realidad

EMPECEMOS

El primer paso para tomar el control de su dinero, es saber cuánto dinero recibe y gasta cada mes.

Paso 1: Busque la información de sus ingresos

- Talones de cheques
- Carta del Estampillas de comida o Incapacidad.
- Información del Seguro Social
- Estados de Cuenta
- TODO lo que muestre cuánto dinero recibe cada mes.

Paso 2: Busque la información que muestre donde gasta su dinero.

- Recibos
- Cobros
- Giros (Money order)
- Estados de cuenta / chequera
- Reporte de Crédito (Busque en línea donde puede obtenerlo gratuitamente)
- TODO lo que enseñe sus gastos.

Paso 3: Busque un lugar donde pueda guardar todo.

- Canasta
- Caja
- Carpeta
- Bolsa del dinero
- (se encuentra en el Kit)
- ALGO que le ayude a organizar y guardar su información

Ahora usted está listo para trabajar en la Hoja de Ingresos y Gastos. En esta hoja se debe anotar todos los ingresos de las personas que su familia y también vera las 10 diferentes categorías de gastos. Viendo donde gasta su dinero, le ayudará a tomar mejores decisiones y le permitirá tomar el control de su dinero.

HOJA DE INGRESOS Y GASTOS

INGRESOS MENSUALES	Yo	Pareja	Otra persona de la casa
Sueldo (lo que lleva a casa)			
Incapacidad / Seguro Social	1,000		
Estampillas de comida (SNAP) /WIC	100		
TANF			
Otros (Manutención de menores, etc.)			
TOTAL	1,100		

DAR TOTAL $ 100

GASTOS DE LA CASA

Renta	$	220
Hipoteca	$	
Gas	$	30
Electricidad	$	30
Agua / Basura / Alcantarillado	$	
Teléfono de casa	$	
Seguros	$	20
Reparaciones	$	
TOTAL	$	300

COMIDA / ART. DE LIMPIEZA

Comida	$	100
Art. De Limpieza / Papel	$	20
Otros:	$	
TOTAL	$	120

TRANSPORTACION

Pase del camión	$	
Pago carro	$	
Gasolina / Aceite	$	40
Reparaciones / Mantenimiento	$	20
Seguro de Auto	$	
Registración / Prueba de Emisión	$	
Otros: Licencia de conducir	$	
TOTAL	$	60

DEUDAS DE DINERO a personas, renta de muebles, préstamos estudiantiles, tarjetas de crédito, casa de empeño, etc.
Esta cantidad se escribirá después
De completar el plan de pagos

TOTAL $ 270

AHORROS

Emergencias	$	25
Otros:	$	25
TOTAL	$	50

GASTOS NIÑOS

Utiles escolares / Cuotas	$	40
Guardería / Colegiatura	$	
Almuerzos	$	
Dinero para los niños	$	
Otros:	$	
TOTAL	$	40

ROPA/CUIDADO PERSONAL

Ropa / Zapatos	$	15
Lavandería	$	15
Cosméticos/Cuidado personal	$	10
Corte de cabello	$	
Celular	$	45
Otros:	$	
TOTAL	$	85

MEDICO / DENTAL (no emergencia)

Doctor / Dentista	$	
Recetas	$	15
Otros: Seguro, lentes, frenos, etc..	$	
TOTAL	$	15

EXTRAS

Cable TV / Suscripciones	$	
Internet	$	10
Cine / Renta de películas	$	10
Pasatiempos	$	
Comidas	$	20
Viajes	$	
Cigarros / Alcohol	$	
Mascotas	$	
Cumpleaños / Celebraciones	$	20
Juegos de Azar	$	
Otros: manicures, tatuajes, etc.	$	
TOTAL	$	60

TOTAL DE INGRESOS	$	1,100
TOTAL DE GASTOS	$	1,100
DIFERENCIA	$	0

HOJA DE INGRESOS Y GASTOS

INGRESOS MENSUALES $	Yo	Pareja	Otra persona de la casa
Sueldo (lo que lleva a casa)			
Incapacidad / Seguro Social			
Estampillas de comida (SNAP) / WIC			
TANF			
Otros (Manutención de menores, etc.)			
TOTAL			

DAR ☺   TOTAL $ _____

GASTOS DE LA CASA
Renta $ _____
Hipoteca $ _____
Gas $ _____
Electricidad $ _____
Agua / Basura / Alcantarillado $ _____
Teléfono de casa $ _____
Seguros $ _____
Otros: Reparaciones $ _____
TOTAL $ _____

COMIDA / ART. DE LIMPIEZA
Comida $ _____
Art. De Limpieza / Papel $ _____
Otros: $ _____
TOTAL $ _____

TRANSPORTACION
Pase del camión $ _____
Pago carro $ _____
Gasolina / Aceite $ _____
Reparaciones / Mantenimiento $ _____
Seguro de Auto $ _____
Registración / Prueba de Emisión $ _____
Otros: Licencia de conducir $ _____
TOTAL $ _____

DEUDAS DE DINERO a personas, renta de muebles, préstamos estudiantiles, tarjetas de crédito, casa de empeño, etc.
Esta cantidad se escribirá después
De completar el plan de pagos
TOTAL $ _____

SAVINGS
Emergencias $ _____
Otros: $ _____
TOTAL $ _____

GASTOS NIÑOS
Utiles escolares / Cuotas $ _____
Guardería / Colegiatura $ _____
Almuerzos $ _____
Dinero para los niños $ _____
TOTAL $ _____

ROPA/CUIDADO PERSONAL
Ropa / Zapatos $ _____
Lavandería $ _____
Cosméticos/Cuidado personal $ _____
Corte de cabello $ _____
Celular $ _____
Otros: $ _____
TOTAL $ _____

MEDICO / DENTAL (no emergencia)
Doctor / Dentista $ _____
Recetas $ _____
Otros: Seguro, lentes, frenos, etc. $ _____
TOTAL $ _____

EXTRAS
Cable TV / Suscripciones $ _____
Internet $ _____
Cine / Renta de películas $ _____
Pasatiempos $ _____
Comidas $ _____
Viajes $ _____
Cigarros / Alcohol $ _____
Mascotas $ _____
Cumpleaños / Celebraciones $ _____
Juegos de Azar $ _____
Otros: manicures, pedicuras, tatuajes $ _____
TOTAL $ _____

TOTALDE INGRESOS	$ _____
TOTALDE GASTOS	$ _____
DIFERENCIA	$ _____

HOJA DE INGRESOS Y GASTOS - EXTRA

INGRESOS MENSUALES	Yo	Pareja	Otra persona de la casa
Sueldo (lo que lleva a casa)			
Incapacidad / Seguro Social			
Estampillas de comida (SNAP) / WIC			
TANF			
Otros (Manutención de menores, etc.)			
TOTAL			

DAR 😊   TOTAL $ _____

GASTOS DE LA CASA
Renta $ _____
Hipoteca $ _____
Gas $ _____
Electricidad $ _____
Agua / Basura / Alcantarillado $ _____
Teléfono de casa $ _____
Seguros $ _____
Otros: Reparaciones $ _____
       TOTAL $ _____

COMIDA / ART. DE LIMPIEZA
Comida $ _____
Art. De Limpieza / Papel $ _____
Otros: $ _____
       TOTAL $ _____

TRANSPORTACION
Pase del camión $ _____
Pago carro $ _____
Gasolina / Aceite $ _____
Reparaciones / Mantenimiento $ _____
Seguro de Auto $ _____
Registración / Prueba de Emisión $ _____
Otros: Licencia de conducir $ _____
       TOTAL $ _____

DEUDAS DE DINERO a personas, renta de muebles, préstamos estudiantiles, tarjetas de crédito, casa de empeño, etc.
Esta cantidad se escribirá después
De completar el plan de pagos
       TOTAL $ _____

SAVINGS
Emergencias $ _____
Otros: $ _____
       TOTAL $ _____

GASTOS NIÑOS
Utiles escolares / Cuotas $ _____
Guardería / Colegiatura $ _____
Almuerzos $ _____
Dinero para los niños $ _____
       TOTAL $ _____

ROPA/CUIDADO PERSONAL
Ropa / Zapatos $ _____
Lavandería $ _____
Cosméticos/Cuidado personal $ _____
Corte de cabello $ _____
Celular $ _____
Otros: $ _____
       TOTAL $ _____

MEDICO / DENTAL (no emergencia)
Doctor / Dentista $ _____
Recetas $ _____
Otros: Seguro, lentes, frenos, etc. $ _____
       TOTAL $ _____

EXTRAS
Cable TV / Suscripciones $ _____
Internet $ _____
Cine / Renta de películas $ _____
Pasatiempos $ _____
Comidas $ _____
Viajes $ _____
Cigarros / Alcohol $ _____
Mascotas $ _____
Cumpleaños / Celebraciones $ _____
Juegos de Azar $ _____
Otros: manicures, pedicuras, tatuajes $ _____
       TOTAL $ _____

TOTAL DE INGRESOS	$ _____
TOTAL DE GASTOS	$ _____
DIFERENCIA	$ _____

AHORROS

Piense en la cantidad de dinero que le gustaría ahorrar cada mes. Es importante saber porque está ahorrando y cuando necesita ahorrar. Conteste las siguientes preguntas.

1. ¿Por qué debería ahorrar dinero cada mes?

_____

_____

2. ¿Cuáles son las cosas por las que debería ahorrar?

_____

_____

3. Algunas personas les gustar ahorrar para una emergencia. Escriba algunas ideas que usted considere que serían una emergencia.

_____

_____

4. Algunas personas ahorran para hacer comprar especiales. ¿Hay comprar especiales para las cuales le gustaría tener un ahorro?

_____

_____

5. Algunas personas ahorran para el futuro. ¿Qué le gustaría ver en su futuro?

_____

_____

Haga una lista de lo que le gustaría ahorrar y cuando dinero cree que se necesita.

AHORROS	LISTA DE COSAS	CANTIDAD QUE SE NECESITA
Emergencias		
Compras especiales		
Su futuro		
	TOTAL	

NECESIDAD O GUSTOS

Muchas personas creen que NECESITAN cosas cuando realmente QUIEREN cosas. Piense sobre cosas que NECESITA y cosas que QUIERE. Anotelas, ésto le ayudará a tomar mejores decisiones cuando gasta su dinero.

Paso 1: ¿Pregúntese, "Lo necesito…O…lo quiero?"

Escriba cosas que necesita y cosas que quiere.

NECESITO	QUIERO

Paso 2:

1. Platique con otras personas de las cosas que ellos QUIEREN O NECESITAN. _____
   _____

2. ¿Son sus ideas diferentes o iguales a las de las otras personas? _____
   _____

3. ¿Como afecta esto el modo que gasta su dinero? _____
   _____

¿CUÁNTO ESTA GASTANDO AL AÑO?

Tal vez no se dé cuenta cuanto está gastando anualmente en algunas cosas, porque usted las compra a diario, semanal o mensualmente. En esta actividad anotará algunas cosas que usted compra regularmente y vera cuánto gasta en un año. Tal vez quiera cambiar algunos hábitos después de esta actividad.

En este ejemplo vamos a ver cuánto se gasta al año en estos 3 artículos.

Que tan seguido:	Paso 1: Articulo	Paso 2: Cuanto $	Paso 3: Gasto Anual
Diario	Cigarros 1 paquete	$7.00	X 365 = $2,555
Semana	Cine-4 boletos	$44.00	X 52 = $2,288
Mes	Cable TV	$125.00	X 12 = $1,500

Paso 1: Recuerde cosas que gasta diario, semanal y mensualmente – escríbalas.
Paso 2: Escriba cuánto cuesta cada artículo.
Paso 3: Calcule cuando está gastando anualmente en estas compras.

Que tan seguido:	Paso 1: Articulo	Paso 2: Cuanto $	Paso 3: Gasto Anual
Diario			X 365 =
Semana			X 52 =
Mes			X 12 =

1. ¿Se sorprendió al darse cuenta cuánto gasta anualmente en una cosa?

_____

2. Escriba el nombre de una persona con la que le gustaría compartir lo que ha aprendido. Ayúdele a identificar sus gastos y cuando les está costando al año.

_____

Sección 2: Responsabilidades

CONSEJOS ÚTILES

Desarrolle buenas amistades

- Pase tiempo con otras personas.
- Pregúnteles como han estado y escuche sus respuestas.
- Coman juntos.
- En que otras formas puede mostrar su interés por otros.

Use hilo dental y cepille sus dientes dos veces al dia.

- Su salud mejorara y ahorrara dinero en el dentista.
- Anime a otros (especialmente a los niños) a que hagan los mismo. Asi tendran dientes saludables cuando sean adultos.

Revise su carro

- Revise el aceite. (Si no sabe cómo, pídale a alguien que le enseñe)
- Haga cambios de aceite y ajustes regularmente.
- Revise las llantas.

Ropa

- Compre el mismo color de calcetines para los niños, así será más fácil encontrar los pares.
- Compre suficientes calcetines y ropa interior para una semana para cada miembro de su familia.
- Enseñe a sus hijos a ayudarle cuando sean grandecitos.
- Anime a sus adolescentes a que laven su propia ropa sucia
- Guarde monedas en un bote, así tendrá dinero para cuando vaya a lavandería.

¡COSAS POR HACER!

Todos tenemos tareas que necesitamos hacer de manera regular (diario, semanal y mensual). Esto puede ser lavar los trastes, comprar comida, lavar ropa, pagar los recibos a tiempo.

Véalo con una mochila. Si usted fuera a un viaje, tendría que empacar lo que necesita. Usted no quiere empacar de mas en su mochila o esta se convertirá en una carga.

Encargarse de hacer sus tareas regularmente, le evitara convertirse en carga para usted o alguien mas. ¿Cuales son las tareas que USTED necesitar hacer de forma regular? Escríbalas.

Diario	Semanal	Mensual
Lavar los trastes	Lavar la ropa	Pagar los recibos

¿Qué pasa si usted no se encarga de sus actividades regulares?

_____

_____

¿Le ha pasado esto alguna vez?

_____

_____

¿Por qué es importante encargarse de estas cosas?

_____

_____

¿Cómo empezará?

_____

_____

Visite www.flylady.net para ideas nuevas de como encargarse de sus actividades regulares. La página esta en inglés.

PLANEANDO A FUTURO

Es importante saber que tan seguro es su ingreso. Si tiene trabajo o si está incapacitado, es importante PLANEAR para lo inesperado. Esto le ayudara a ser una persona más responsable.

Dia Normal	**Acontecimientos Inesperado**
Levantarse	Un hijo se enferma
Ir a trabajar	El carro no sirve o se ponchó una llanta
Regresar a casa	Usted se enferma

- Si tiene trabajo, conteste las siguientes preguntas que le ayudaran a PLANEAR por lo inesperado.
- Si no trabaja ¿Como puede ayudar a los que si trabajan?
- Platique con otras personas para asegurase que tienen un buen plan.

1. ¿Qué pasaría si usted o alguien de su casa pierde el trabajo?

_____

2. Si tiene hijos y ellos se enferman, ¿Quién los cuidaría mientras usted está trabajando?

_____

3. ¿Como se va al trabajo (carro, camión o pide que lo lleven)? ¿Qué puede hacer si no lo pueden llevar un día al trabajo?

_____

4. ¿Cuál es la póliza en su trabajo, si usted se enferma?

_____

5. ¿Qué cambios puede hacer para mantenerse saludable?

_____

6. ¿Qué tan importante es comunicarse con el supervisor, si usted se enferma?

_____

7. ¿Cómo puede animar a otros trabajadores a mantener sus empleos?

_____

8. ¿Qué otras medidas pueden tomar para ser mejor empleado y conservar su trabajo?

_____

No se meta en chismes. Cuando se habla mal de otros, se puede crea un ambiente negativo en el trabajo. No hable mal de otros. Si alguien empieza a hablar mal de alguien, dígales que hablen directamente con esa persona. Déjeles saber que si tienen un problema es mejor hablar con un supervisor. **¡HABLE SOBRE TEMAS POSITIVOS!**

¿AHORRADOR O GASTADOR?

Recuerde como sus padres manejaban el dinero. ¿Usa un método igual o diferente? Conteste las siguientes preguntas que le ayudaran a recordar.

1. ¿Le hablaban sus padres acerca de cómo manejar el dinero?

_____

2. ¿Si uno de sus padres era gastador, ¿Qué cosas compraba?

_____

3. Si uno de sus padres era ahorrador, ¿Para qué ahorraba?

_____

4. ¿Qué es lo que hace igual a sus padres?

_____

5. ¿Qué hace diferente?

_____

6. ¿Qué cosas que le gustaría cambiar, sobre como maneja su dinero?

_____

7. Si tiene hijos, ¿qué le gustaría que sus hijos aprendieran sobre el manejo del dinero?

_____

8. ¿Cómo puede enseñar a sus hijos, maneras eficaces de manejar el dinero que tienen o tendrán?

_____

_____

BUENOS Y MALOS HÁBITOS

 o

¿Qué es un hábito? Es un comportamiento automático. Es bueno tener una rutina y hacer cosas automáticamente. Algunos hábitos son saludables, como lavarse los dientes y hacer ejercicio. Algunos hábitos son dañinos como el fumar o tomar alcohol. Se pueden cambiar los hábitos, pero toma tiempo y determinación.

Parte 1: Escriba Buenos y Malos hábitos que afecten su salud.

BUENOS	MALOS
Lavarse los dientes Hacer ejercicio	Fumar Tomar Alcohol Ver mucha televisión

Parte 2: Encierre en un círculo los hábitos (buenos y malos) que usted tiene.

Parte 3: Conteste las siguientes preguntas.

1.   ¿Porque las personas practican hábitos no saludables?
   _____

2.   ¿Porque YO tengo malos hábitos?
   _____

3.   ¿Cómo cambiaria su vida si usted pudiera deshacerse de un mal hábito?
   _____

4.   ¿Qué es lo que detiene a las personas a cambiar sus malos hábitos?
   _____

5.   ¿Por qué las personas no pueden parar los malos hábitos?
   _____

Sección 3: Consejos

CONSEJOS AL COMPRAR

Escriba TODO en lo que gasta su dinero, anótelo en su libreta o en su aplicación de teléfono

Cuando usted:

- Compra una soda.
- Compra ropa.
- Cualquier compra.

Compre en tienda de segunda mano

Encontrará mucha ropa, zapatos y accesorios a precios más bajos que en las otras tiendas.

Presupuestos

- La cantidad mensual por servicios puede cambiar cada mes, esto hace difícil tener un presupuesto en la categoría en los gastos de la casa.
- Para determinar su pago mensual, las compañías de servicios calcularan cuanto gastó durante el año pasado y lo dividirán entre 12 meses.
- Esto hará que su pago sea fijo y será el mismo cada mes.

RECUERDE

- Considere donde hace sus compras.
- Siempre busque el precio por onza.
- Fíjese en el material de empaque.
- Compare las marcas genéricas y las marcas de nombre.
- Use cupones (No se olvide de los cupones digitales, que están en su celular)
- Prepare sus propios artículos de limpieza.
- Compre en tiendas de segunda para ahorrar en ropa y compras grandes.
- Investigue si es elegible para Presupuesto en Servicios Públicos.

ARTÍCULOS DE LIMPIEZA

Lavabos, taza del baño y cubiertas: Vinagre blanco y agua

- Mezcle 1 taza de vinagre con una taza de agua en una botella con atomizador.
- Rocíe y talle.
- Para residuos difíciles de jabón o depósitos minerales, tibie la mezcla antes de rociarla y déjela en remojo antes de tallar o use solamente vinagre.
- **(NO USE** vinagre sin diluir en la boquilla del azulejo esto puede causar que la boquita o pasta alrededor del azulejo se caiga.

Limpiador para la tina del baño y lavabo: Bicarbonato de sodio, un chorrito de jabón para trastes y jugo de limón.

- En un recipiente, mezcle los tres ingredientes.
- La mezcla debe tener la consistencia de betún para pastel.
- Use un trapo o esponja para tallar
- Enjuague la pasta.
- Para manchas difíciles deje la pasta trabajar por 10-15 minutos antes de enjuagar.

Limpiador de espejos y vidrio: Vinagre blanco y agua

- 2 cucharadas de vinagre blanco.
- 1 cuarto de agua
- Mezcle en una botella. Rocíe en espejos o vidrio y seque con un trapo. Usted puede usar papel periódico o filtros de café para limpiar espejos o vidrios.

Detergente para Ropa: Jabón, washing soda y bórax

INGREDIENTES

- 1 barra de jabón
- 1 taza de washing soda
- 1 taza de bórax

INSTRUCCIONES

- Ralle la barra ENTERA de jabón.
- Ponga el jabón rallado y el washing soda en la licuadora y mezcle.
- Ponga la mezcla en un recipiente, añada el bórax y mezcle todo muy bien. Guárdelo en un contenedor de plástico.
- Disuelva una cucharada de la mezcla en el agua, antes de poner la ropa.

Suavizante de ropa, vinagre blanco

- Agregue ½ taza de vinagre blanco al ciclo de enjuague para que la ropa se mantenga suave.
- NO lo agregue al principio. Su ropa tendrá olor a vinagre.

Mas ideas

- Corte las esponjas a la mitad.
- Use una mitad a la vez.
- Le duraran el doble.

PLANEAR COMIDA DEL SEMANA - Ejemplo

Planear las comidas de la semana le ayudara a ahorrar dinero. También le evitara ir a la tienda muchas veces, lo cual le costara más dinero. El planear le evitara comprar comida rápida, la cual puede ser costosa.

Paso 1: Que comidas les gustan a usted y a su familia. Escriba que es lo que les gusta comer para el desayuno, almuerzo, snacks y cena.

Desayuno - Cereal y leche, pan tostado, yogurt, huevos, etc.

Domingo	Lunes	Martes	Miércoles	Jueves	Viernes	Sábado
Huevos Pan	Cereal Fruta	Pan Francés	Tocino Pancakes	Avena	Yogurt Fruta	Burrito

Almuerzo - Hot dogs, sándwiches (crema de cacahuate y mermelada, queso, carne), sopa, ensalada, comida congelada, etc. También podría comer del recalentado de la cena.

Domingo	Lunes	Martes	Miércoles	Jueves	Viernes	Sábado
Sándwich Jamón	Hot Dogs	Sopa	Ensalada	Burrito	Comida Congelada	Sándwich Crema de Cacahuate

Snacks – Fruta, vegetales, yogurt, nueces, palomitas, queso, etc. Otros snacks saludables que a su familia le guste comer.

Domingo	Lunes	Martes	Miércoles	Jueves	Viernes	Sábado
Fruta	Yogurt	Palomitas	Nueces	Licuado	Galletas con queso	Vegetales con dip

Cena - Tacos, hamburguesas, pollo, pescado, pasta, sopa, guisados, etc.

Domingo	Lunes	Martes	Miércoles	Jueves	Viernes	Sábado
Tacos	Lasaña	Guisado	Espagueti	Pescado	Pollo	Pastel de Carne

Paso 2: Escriba la lista de compras usando su plan de comida. Puede usar cualquier papel para su lista.

Nota: Hay aplicaciones que le pueden ayudar con menús y listas de compras.

PLANEAR COMIDA DEL SEMANA

Planear las comidas de la semana le ayudara a ahorrar dinero. También le evitara ir a la tienda muchas veces, lo cual le costara más dinero. El planear le evitara comprar comida rápida, la cual puede ser cara.

Paso 1: Que comidas les gustan a Usted y a su familia. Escriba que es lo que les gusta comer para el desayuno, almuerzo, snacks y cena.

Desayuno - Cereal y leche, pan tostado, yogurt, huevos, etc.						
Domingo	Lunes	Martes	Miércoles	Jueves	Viernes	Sábado

Almuerzo - Hot dogs, sándwiches (crema de cacahuate y mermelada, queso, carne), sopa, ensalada, comida congelada, etc. También podría comer del recalentado de la cena.						
Domingo	Lunes	Martes	Miércoles	Jueves	Viernes	Sábado

Snacks – Fruta, vegetales, yogurt, nueces, palomitas, queso, etc. Otros snacks saludables que a su familia le guste comer.						
Domingo	Lunes	Martes	Miércoles	Jueves	Viernes	Sábado

Cena - Tacos, hamburguesas, pollo, pescado, pasta, sopa, guisados, etc.						
Domingo	Lunes	Martes	Miércoles	Jueves	Viernes	Sábado

Paso 2: Escriba la lista de compras usando su plan de comida. Puede usar cualquier papel para su lista.

Nota: Hay aplicaciones que le pueden ayudar con menús y listas de compras.

CONSEJOS SALUDABLES

Comiendo Saludable

- Tome más agua.

- Coma más frutas y verduras.
- Coma menos comida chatarra. *(Las frutas y vegetales son más nutritivos que las frituras.)*
- Busque nuevas formas de cocinar en casa por menos dinero.

Ejercicio

- Camine
- Caminatas o Senderismo (Asegúrese de tomar mucha agua.)
- Estiramiento
- Yoga
- Bicicleta
- Cualquier actividad que pueda hacer para ejercitarse y mantenerse saludable y que le podría ahorrar dinero.

LOS SENTIMIENTOS NOS AFECTAN

Muchas veces gastamos dinero por diferentes circunstancias como depresión, adicciones, baja autoestima, malos hábitos, aburrimiento o por sentirse feliz. Escriba que sentimientos, que es lo que compra y que tan seguido los compra.

Sentimiento	¿Qué es lo que compra?	¿Qué tan seguido?
Tristeza Felicidad	Alcohol Salir a comer fuera	Cada día Cada semana

Su relación con el dinero:

Cuáles son sus sentimientos con respecto al dinero. Marque sus respuestas.

Preguntas	Si	No
¿Está satisfecho en la manera que gasta su dinero?		
¿Está contento cuando ahorra dinero?		
¿Se alegra cuando gasta dinero?		
¿Se siente nervioso o ansioso con el tema del dinero?		

Tenga cuidado de no pedir dinero prestado y caer en la "Trampa de las Deudas".

Compras

Apuestas

Fumar

Beber

Sección 4: Deudas

HOJA DEL DEUDAS - Ejemplo

Esta hoja le ayudara a desarrollar un plan para pagar las deudas que tiene con personas y lugares.

Paso 1: Escriba los nombres de las personas y los lugares donde debe.

Paso 2: Anote el pago mensual mínimo.

Paso 3: Escriba la cantidad total que debe (con interés y cargos)

Paso 4: Enumere las deudas de menor a mayor. Escribiendo el número "1" a la deuda más pequeña, hasta enuméralas todas.

Categoría	Paso 1: Personas y lugares donde debe	Paso 2 Pago Mensual Mínimo	Paso 3: Cantidad total que debe (Intereses y cargos)	Paso 4: Enumere las Deudas de menor a mayor
DEUDAS: Personas Mueblería Tarjetas de crédito Casas de Empeño Prestamos estudiantiles Gastos médicos Manutención de Menores Impuestos Otros:	Doctores	$60	$7,000	
	Familiar	$50	$600	
	Mueblería	$60	$6,000	
	Préstamo Estudiantil	$60	$4,500	
	Casa de Empeño	$40	$80	
Cantidad Total de Pagos Mínimos				
Cantidad Total que Debe				

Ponga esta cantidad en sus hojas de Presupuesto Mensual y Gastos e Ingresos

HOJA DEL DEUDAS

Esta hoja le ayudara a desarrollar un plan para pagar las deudas que tiene con personas y lugares.

Paso 1: Escriba los nombres de las personas y los lugares donde debe.

Paso 2: Anote el pago mensual mínimo.

Paso 3: Escriba la cantidad total que debe (con interés y cargos)

Paso 4: Enumere las deudas de menor a mayor. Escribiendo el número "1" a la deuda más pequeña, hasta enuméralas todas.

Categoría	Paso 1: Personas y lugares donde debe	Paso 2 Pago Mensual Mínimo	Paso 3: Cantidad total que debe (Intereses y cargos)	Paso 4: Enumere las Deudas de menor a mayor
DEUDAS: Personas Mueblería Tarjetas de crédito Casas de Empeño Prestamos estudiantiles Gastos médicos Manutención de Menores Impuestos Otros:				
Cantidad Total de Pagos Mínimos				
Cantidad Total que Debe				

Ponga esta cantidad en sus hojas de Presupuesto Mensual y Gastos e Ingresos

PLAN DE PAGOS - Ejemplo

Es importante desarrollar un plan para pagar a los lugares y personas que les debemos dinero. Siga los siguientes pasos para crear un Plan de Pagos.

Paso 1: Busque la Lista de Deudas. Vea la columna de personas o lugares donde debe dinero. ¿Cual está en el # 1?

Paso 2: Vuelva a escribir la información en el Plan de Pago, empezando con el # 1.

Paso 3: Siga con el # 2, luego el # 3, y continúe hasta el que el Plan de Pagos este completo.

Enumere las Deudas de menor a mayor	Personas y lugares donde tiene deudas	Cantidad Total que debe (Intereses y Cargos)	Pago Mensual
1.	Casa De Empeño	$80	$40
2.	Familiar	$600	$50
3.	Prestamos Estudiantil	$4,500	$60
4.	Renta de Muebles	$6,000	$60
5.	Doctores	$7,000	$60
6.			
7.			
8.			
9.			
10.			

Nota: ¡Sea paciente! Esto le llevara tiempo. Cuando termine de pagar sus deudas, usted puede poner más dinero en el ahorro y/o ¡recompense a su familia!

PLAN DE PAGOS

Es importante desarrollar un plan para pagar a los lugares y personas que les debemos dinero. Siga los siguientes pasos para crear un Plan de Pagos.

Paso 1: Busque la Lista de Deudas. Vea la columna de personas o lugares donde debe dinero. ¿Cual está en el # 1?

Paso 2: Vuelva a escribir la información en el Plan de Pago, empezando con el # 1.

Paso 3: Siga con el # 2, luego el # 3, y continúe hasta el que el Plan de Pagos este completo.

Enumere las Deudas de menor a mayor	Personas y lugares donde tiene deudas	Cantidad Total que debe (Intereses y Cargos)	Pago Mensual
1.			
2.			
3.			
4.			
5.			
6.			
7.			
8.			
9.			
10.			

Nota: ¡Sea paciente! Esto le llevara tiempo. Cuando termine de pagar sus deudas, usted puede poner más dinero en el ahorro y/o ¡recompense a su familia!

PLAN PARA EL DINERO EXTRA- Ejemplo

Si alguna vez usted recibe ingresos extras (impuestos, regalos o herencia). Usted necesita tener un plan para el dinero extra.

Preguntas:

¿Qué porcentaje quiere dar (a organizaciones sin fines de lucro)? __10%__

¿Qué porcentaje quiero apartar para pagar mis deudas? __60%__

¿Qué porcentaje quiero poner en el ahorro? __10%__

¿Qué porcentaje quiero poner para ayudar a otros? __10%__

¿Qué porcentaje quiero asignar para gastos extras? __10%__

USE LÁPIZ

Haga un plan para cualquier **dinero extra** y calcule el porcentaje. Cuando tenga un dinero extra usted puede usar esta guía. Si usted necesita ayuda, puede comunicarse con el entrenador del Dinero y YO o el lugar donde usted asistió al taller del Dinero y yo.

TOTAL de Dinero Extra	Categoría	Multiplique el total por el % que Ud. decidió	Cantidad por cada categoría para poner en el sobre	Decida la cantidad quiere que cada pedazo tenga. Esto es porcentaje. Algunos pedazos serán más grandes que otros.
$1,000	Dar	10%	=$100	
	Deudas	60%	=$600	
	Ahorro	10%	=$100	
	Otros	10%	=$100	
	Extra	10%	=$100	
		100% Esto deber ser igual a 100%	$1,000 Esto debe ser igual a la cantidad TOTAL	

PLAN PARA EL DINERO EXTRA

Si alguna vez usted recibe ingresos extras (impuestos, regalos o herencia). Usted necesita tener un plan para el dinero extra.

Preguntas:

¿Qué porcentaje quiere dar (a organizaciones sin fines de lucro)? _____

¿Qué porcentaje quiero apartar para pagar mis deudas? _____

¿Qué porcentaje quiero poner en el ahorro? _____

¿Qué porcentaje quiero poner para ayudar a otros? _____

¿Qué porcentaje quiero asignar para gastos extras? _____

USE LÁPIZ

Haga un plan para cualquier **dinero extra** y calcule el porcentaje. Cuando tenga un dinero extra usted puede usar esta guía. Si usted necesita ayuda, puede comunicarse con el entrenador del Dinero y YO o el lugar donde usted asistió al taller del Dinero y yo.

TOTAL de Dinero Extra	Categoría	Multiplique el total por el % que Ud. decidió	Cantidad por cada categoría para poner en el sobre	Decida la cantidad quiere que cada pedazo tenga. Esto es porcentaje. Algunos pedazos serán más grandes que otros.
$	Dar	%	=$	
	Deudas	%	=$	
	Ahorro	%	=$	
	Otros	%	=$	
	Extra	%	=$	
		100% *Esto deber ser igual a 100%*	$ *Esto debe ser igual a la cantidad TOTAL*	

LIMITES

Algunas veces las personas gastan dinero porque no tienen límites. Puede que compre cosas para sentirse mejor, aunque no puedan pagarlas. Una persona puede que de dinero porque tiene miedo a una reacción negativa como falta de amor o enojo. Otras personas al pedir dinero usan la culpa en sus amigos o familiares si no reciben dinero. Responda las siguientes preguntas para saber si usted tiene problemas con los limites.

¿Compra cosas aunque sabes que no podra pagarlas?	Si	No
¿Le da dinero a las personas que le piden? (amigos, familia, extraños)	Si	No
¿Le es difícil decirle "NO" a otros?	Si	No
¿Tiene miedo de que ya no lo quieran, si no hace lo que los demás quieren?	Si	No
¿Piensa que los demás se enojaran si no hace lo que ellos desean?	Si	No
¿Pide dinero a los demás?	Si	No
¿Respeta los límites de los demás, cuando ellos le dicen que "NO"	Si	No
¿Castiga a los demás si no hacen lo que usted quiere?	Si	No
¿Gasta dinero en otros para que lo aprueben o lo quieran?	Si	No
¿Siente que tal vez tenga un problema con los límites?	Si	No

Los limites se construyen. Necesita trabajar para desarrollar esta habilidad:
- Aprenda a decir "NO" a usted mismo.
- Diga "NO" a otros.
- Respete cuando otras personas le digan que "NO".

Como empezar:
Identifique sus sentimientos. Los sentimientos nos dicen cuando algo no está bien. Deberíamos escuchar a nuestros sentimientos. Sin embargo, es importante no ser controlados por nuestros sentimientos.

Platique con otras personas. Busque personas que sean confiables y déjeles saber cuándo está batallando con los limites. Desarrolle buenas relaciones con otros.

Practique. Empiece con limites pequeños y practique con las personas que lo quieren y lo respetan por lo que usted es. Entre más practique, más fácil será cada vez.

Pida ayuda. Hay muchos libros, grupos de apoyo e información en el internet. Un buen libro para comenzar seria LIMITES (Cuando decir que "SI". Cuando decir "NO". Tome el control de su vida) escrito por Henry Cloud y John Townsend.

Preguntas: Piense si usted o alguien que usted conoce tiene problemas con límites.

Describa un comportamiento que usted ha visto, y que ha causado problemas con respecto al dinero.

_____

_____

¿Qué consejo se daría a usted mismo o a alguien que tiene problemas con limites?

_____

_____

Sección 5: Presupuesto

CALENDARIO DE INGRESOS Y RECIBOS- Ejemplo

Pagar sus recibos a tiempo le ayudará a llevar el control de sus finanzas y no tendrá que pagar por cargos extras. Usted puede usar este calendario como un "Calendario Guía" para saber cuándo recibirá sus ingresos y cuando hay que pagar sus recibos cada mes. Si su teléfono tiene un calendario, puede usar esa aplicación y crear notificaciones.

Paso 1: CREAR UN CALENDARIO - Escriba el mes, año y fechas de su actual mes o si está acercándose al final del mes – escriba la información del mes que sigue. Escriba los días del mes en los cuadritos.

MES ____Diciembre_____ AÑO _____2024_____

DOMINGO	LUNES	MARTES	MIERCOLES	JUEVES	VIERNES	SABADO
Semana 1	1 Dia de pago $500	2 Agua $20	3	4	5 Renta $220	6
7 **Semana 2**	8 Casa de empeño $40	9 Gas $30 Luz $30	10	11	12 Cupones de alimentos $100	13
14 **Semana 3**	15 Dia de pago $500	16	17	18	19	20 Receta $15
21 **Semana 4**	22 Teléfono $45	23 Miembro de la familia $50	24 Préstamo Estudiantil $60	25 Renta de Muebles $60	26 Gastos médicos $60	27
28 **Semana 5**	29	30	31			

Paso 2: COMPLETE

- Cuando le pagan: diario, semanal, cada 2 semanas, mensual.
- Cuando se vencen los recibos.
- Escriba en la sección de abajo los pagos que no son mensuales.
  Gastos que NO se hacen cada mes: Hay algunos pagos que no se hacen cada mes como registración del carro, impuestos, etc.

Ingresos / Recibos	Mes y fecha	Cantidad $	Notas

CALENDARIO DE INGRESOS Y RECIBOS

Pagar sus recibos a tiempo le ayudará a llevar el control de sus finanzas y no tendrá que pagar por cargos extras. Usted puede usar este calendario como un "Calendario Guía" para saber cuándo recibirá sus ingresos y cuando hay que pagar sus recibos cada mes. Si su teléfono tiene un calendario, puede usar esa aplicación y crear notificaciones.

Paso 1: CREAR UN CALENDARIO - Escriba el mes, año y fechas de su actual mes o si está acercándose al final del mes – escriba la información del mes que sigue. Escriba los días del mes en los cuadritos.

MES _____ _____   AÑO _____ _____

DOMINGO	LUNES	MARTES	MIERCOLES	JUEVES	VIERNES	SABADO
Semana 1						
Semana 2						
Semana 3						
Semana 4						
Semana 5						

Paso 2: COMPLETE

- Cuando le pagan: diario, semanal, cada 2 semanas, mensual.
- Cuando se vencen los recibos.
- Escriba en la sección de abajo los pagos que no son mensuales.
  Gastos que NO se hacen cada mes: Hay algunos pagos que no se hacen cada mes como registración del carro, impuestos, etc.

Ingresos / Recibos	Mes y fecha	Cantidad $	Notas

PRESUPUESTO MENSUAL- Ejemplo

¡Un plan para su dinero!

Paso 1: Escriba cada vez que usted o un miembro de su familia reciben dinero.

Paso 2: Decida cuanto va en cada categoría de gastos. *Utilice su hoja de Ingresos y Gastos.* Anótelos y sume todo, para saber el total de sus gastos.

Paso 3: Reste de sus ingresos el total de sus gastos. Este debe darle como resultado cero. Haga los cambios necesarios.

INGRESO MENSUAL RECIBIDO		Semana #1	Semana #2	Semana #3	Semana #4	Dinero Extra	Total Mensual	Total Anual (Mensual x 12)
Efectivo, cheque o estampillas de comida	$	500	Estampillas de comida 100	500			1,100	13,200
CATEGORIA DE GASTOS (Empiece con las necesidades)								
Casa	$	300					$300	3,600
Comida/Limpieza	$		100	20			$120	1,440
Ropa/Personal	$	10		75			$85	1,020
Transportación	$	40		20			$60	720
Deudas	$	40		230			$270	3,240
Gastos Niños	$	20		20			$40	480
Medico / Dental	$			15			$15	180
Ahorros	$	25		25			$50	600
Dar	$	50		50			$100	1,200
Extras	$	15		45			$60	720
TOTAL GASTOS	$	500	100	500			$1100	13,200
Reste sus gastos de sus ingresos TOTAL debe ser=0	$	0	0	0				0

Nota: Si necesita, en la Sección 5 hay hojas extras de Plan de Pagos para las deudas y Dinero Extra.

PRESUPUESTO MENSUAL

Categorías de Gastos

¡Un plan para su dinero!

Paso 1: Escriba cada vez que usted o un miembro de su familia reciben dinero.

Paso 2: Decida cuanto va en cada categoría de gastos. *Utilice su hoja de Ingresos y Gastos.* Anótelos y sume todo, para saber el total de sus gastos.

Paso 3: Reste de sus ingresos el total de sus gastos. Este debe darle como resultado cero. Haga los cambios necesarios.

INGRESO MENSUAL RECIBIDO		Semana #1	Semana #2	Semana #3	Semana #4	Dinero Extra	Total Mensual	Total Anual (Mensual x 12)
Efectivo, cheque o estampillas de comida	$							
CATEGORIA DE GASTOS (Empiece con las necesidades)								
Casa	$							
Comida/Limpieza	$							
Ropa/Personal	$							
Transportación	$							
Deudas	$							
Gastos Niños	$							
Medico / Dental	$							
Ahorros	$							
Dar	$							
Extras	$							
TOTAL GASTOS	$							
Reste sus gastos de sus ingresos TOTAL debe ser=0	$							

Nota: Si necesita, en la Sección 5 hay hojas extras de Plan de Pagos para las deudas y Dinero Extra.

PRESUPUESTO MENSUAL - EXTRA

¡Un plan para su dinero!

Paso 1: Escriba cada vez que usted o un miembro de su familia reciben dinero.

Paso 2: Decida cuanto va en cada categoría de gastos. *Utilice su hoja de Ingresos y Gastos.* Anótelos y sume todo, para saber el total de sus gastos.

Paso 3: Reste de sus ingresos el total de sus gastos. Este debe darle como resultado cero. Haga los cambios necesarios.

INGRESO MENSUAL RECIBIDO		Semana #1	Semana #2	Semana #3	Semana #4	Dinero Extra	Total Mensual	Total Anual (Mensual x 12)
Efectivo, cheque o estampillas de comida	$							
CATEGORIA DE GASTOS (Empiece con las necesidades)								
Casa	$							
Comida/Limpieza	$							
Ropa/ Personal	$							
Transportación	$							
Deudas	$							
Gastos Niños	$							
Medico / Dental	$							
Ahorros	$							
Dar	$							
Extras	$							
TOTAL GASTOS	$							
Reste sus gastos de sus ingresos TOTAL debe ser=0	$							

Nota: Si necesita, en la Sección 5 hay hojas extras de Plan de Pagos para las deudas y Dinero Extra.

SISTEMA DE DINERO EN SOBRES

Usando los sobres para mantener el dinero en categorías, le ayudara a llevar el control de su Presupuesto Mensual. Usted escribirá el nombre de cada categoría afuera de cada sobre. Y adentro de cada sobre usted escribirá palabras que le recordaran que decirse cuando el sobre este vacío. Por ejemplo, cuando el sobre de "Extras" este vacío, usted necesitara decir **NO** hasta que obtenga más dinero.

Paso 1: Escribir en los sobres

- Empiece con diez sobres.
- Use la lista de abajo para etiquetar sus sobres.
- Escriba la categoría afuera (enfrente o atrás) del sobre y las frases adentro del sobre.

Afuera del sobre	Adentro del sobre
Dar	¡Muy bien!
Casa	No
Comida / Art· De Limpieza	No
Transportación	No
Deudas	¡Muy bien!
Ahorros	¡Muy bien!
Gastos niños	No
Ropa / Cuidado Personal	No
Medico / Dental	No
Extras	¡NO!

Paso 2: Usando los sobres.

- Ponga el efectivo en cada sobre de acuerdo con su Presupuesto Mensual.
- Cuando vaya de compras, tome el sobre correspondiente. ¡No lleve todo el dinero!
- Haga su compra y pida el recibo.
- Ponga el recibo y los billetes que le sobraron en el sobre.

Nota: Usted puede tener más sobres para más categorías. Por ejemplo: Cumpleaños, Navidad, o una compra especial, etc. No tenga muchos sobres porque puede resultar difícil y confuso.
El usar los sobres le ayudara a tomar mejores decisiones con respecto al dinero.

HOJA DE GASTOS- Ejemplo

Esta hoja le ayudara a saber cuánto tiene en cierta categoría, para que no se exceda de su límite. Si está usando el Sistema de Dinero en Sobres, debe igualar lo que hay en cada sobre. **Es muy importante que use su chequera o tarjeta de beneficios para que no gaste de más. Hay una hoja por cada una de las diez categorías.**

Paso 1: Cada vez que le paguen, escriba la fecha y la cantidad en la columna de "Ingresos".
Paso 2: Use su hoja de Ingresos y Gastos para ver todos los artículos relacionados con cada categoría.
Paso 3: Cada vez que gaste dinero, escribe la fecha, la persona o lugar donde gasto el dinero, y en la columna de Gastos, escriba la cantidad gastada.
Paso 4: Reste cada vez que tenga un gasto, así sabrá cuando dinero tiene en cada categoría.

Categoría De Gastos	Cantidad Mensual Requerida	Cantidad en Cheque #1	Cantidad en Cheque #2	Cantidad en Cheque #3	Cantidad en Cheque #4	Extra
Casa	$300	$ 300				

Fecha	Persona o lugar donde se gastó el dinero	Gastos	Ingresos	Cantidad Restante
10/1	Deposito		$300	$300
10/2	Agua	$20		$280
10/5	Renta	$220		$60
10/9	Gas / Luz	$60		$0
11/1	Deposito		$45	$45
11/2	Teléfono	$45		$0

Puede usar una hoja de cuadermo para esta actividad.
Aplicaciones de presupuesto: Qapital para la elaboración de presupuestos; Rocket Money o Mint para rastrear gastos.

HOJA DE GASTOS

Esta hoja le ayudara a saber cuánto tiene en cierta categoría, para que no se exceda de su límite. Si está usando el Sistema de Dinero en Sobres, debe igualar lo que hay en cada sobre. **Es muy importante que use su chequera o tarjeta de beneficios para que no gaste de más. Hay una hoja por cada una de las diez categorías.**

Paso 1: Cada vez que le paguen, escriba la fecha y la cantidad en la columna de "Ingresos".
Paso 2: Use su hoja de Ingresos y Gastos para ver todos los artículos relacionados con cada categoría.
Paso 3: Cada vez que gaste dinero, escribe la fecha, la persona o lugar donde gasto el dinero, y en la columna de Gastos, escriba la cantidad gastada.
Paso 4: Reste cada vez que tenga un gasto, así sabrá cuando dinero tiene en cada categoría.

Categoría De Gastos	Cantidad Mensual Requerida	Cantidad en Cheque #1	Cantidad en Cheque #2	Cantidad en Cheque #3	Cantidad en Cheque #4	Extra

Fecha	Persona o lugar donde se gastó el dinero	Gastos	Ingresos	Cantidad Restante

Puede usar una hoja de cuadermo para esta actividad.
Aplicaciones de presupuesto: Qapital para la elaboración de presupuestos;
Rocket Money o Mint para rastrear gastos.

Sección 6: Tome el Control

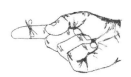

¡YO PUEDO CAMBIAR!

¿Hay UN hábito que le gustaría cambiar?

¿Por qué lo quiere cambiar? *Es importante escribir PORQUE quiere cambiar. Esto podría ser para ahorrar dinero, mantenerse saludable, por su familia, por su trabajo.*

¿Quién puede ayudarle? *Ayuda mucho tener una persona que le anime. Piense en un familiar, amigo o vecino que le pueda ayudar. Hable con esta persona acerca del hábito que quiere cambiar*

.

¿Cuándo quiere empezar? *Cambiar un hábito no es fácil. Vea su calendario y elija el día cuando va a empezar.*

Señales de cambio: *Todos tenemos señales conectadas a los hábitos. Estas pueden ser un lugar, persona u hora del día o un presentimiento. Por ejemplo, si usted fuma cuando toma, ¿Puede dejar de tomar?*

NUEVO hábito: *Es importante encontrar un hábito bueno para remplazar el mal hábito. ¿Puede masticar chicle o picadientes para dejar de fumar?*

Ayuda extra: *Hable con su doctor o consejero, busque un grupo de apoyo, busque más ideas en el internet o baje una aplicación a su teléfono. También puede pedir ayuda en el lugar donde este taller se lleva a cabo.*

Sea creativo: *Si le gusta escribir canciones o crear arte, haga algo que lo inspire a cambiar.*

Nueva manera de hablar: *Cambie sus pensamientos al cambiar lo que dice. Por ejemplo, en lugar de decir "Soy un fumador" cámbielo a "Ya no soy fumador"*

Ideas Útiles – Muchas personas regresan a sus malos hábitos cuando:

- **Tienen hambre o sed** – *Tome mucha agua y coma a sus horas, coma saludable.*
- **Cansancio** –*¡Tome descansos! Es más difícil cambiar un hábito cuando se está cansado.*
- **Enojado** – *Escriba un plan para cuando usted se siente enojado. ¿A quién puede llamar?, ¿qué es lo que va a hacer? (hablar con un amigo, ir a caminar). Escriba un plan y recuérdelo, porque cuando usted se enoja, usted va a querer regresar a los malos hábitos. Tenga en mente el plan.*

¡Celebre su éxito! *Planee algo para cuando ha logrado su meta por 30, 60 o 90 días. Puede ser algo simple que no cueste dinero, pero ¡celebre su éxito!*

Oración y meditación. – Pida a Dios que le ayude a cambiar.

ACTIVIDADES DIVERTIDAS - Ejemplo

¿Qué actividades puede hacer con su pareja, amigos o familia que no cuesten mucho dinero?

Paso 1: Escriba las ideas en la tabla de abajo.
Paso 2: Use Tijeras para cortar cada uno de los cuadros.
Paso 3: Ponga los pedazos de papel en un contenedor (frasco, taza, caja, etc.)
Paso 4: Pida a alguien que saque un papel del contenedor.
Paso 5: ¡Diviértase a bajo precio!

Juegos de Cartas	Busque figuras en las nubes.
Dígalo con señas – Puede obtener la aplicación de su teléfono inteligente.	Prepare un pastel, cómalo sin tenedor.
Haga Burbujas	Ir a el Parque
Vea las estrellas	Tenga un picnic en el parque
Juego con la Pelota o disco volador	Correr una carrera de obstáculos
Jugar con pistolas de Agua	Ver el amanecer o atardecer
Alimente a los pájaros	Visite la Biblioteca
Lea un Libro	Coloree / Haga un trabajo manual
Bailar	Construya una Fortaleza con almohadas y cobijas.
Juegue a las escondidas o a la roña	Cantar

ACTIVIDADES DIVERTIDAS

¿Qué cosas puede hacer con su pareja, amigos o familia que no cuesten mucho dinero?

Paso 1: Escriba las ideas en la tabla de abajo.

Paso 2: Use tijeras para cortar cada uno de los cuadros.

Paso 3: Ponga los pedazos de papel en un contenedor (frasco, taza, caja, etc.)

Paso 4: Pida a alguien que saque un papel del contenedor.

Paso 5: ¡Diviértase a bajo precio!

OTRAS FORMAS DER SER EXITOSO

La mayoría del tiempo, cuando pensamos en el éxito, siempre pensamos en dinero. Sin embargo, hay otras formas de ser exitoso. Usted no tiene que tener dinero para ser exitoso.

Éxito en sus relaciones: ¿Cómo son sus relaciones con...

- Amigos
- Familia
- Vecinos

¿Qué cosas puede hacer para mejorar sus relaciones?

_____

_____

Buenas Influencias: Cada persona puede ser buena o mala influencia para otros...

- ¿Usted, anima a otros?
- ¿Las personas disfrutan estar cerca de usted? o
- ¿Es usted una persona negativa?

¿Qué es lo que podría cambiar usted, para ser una influencia positiva para la gente que lo rodea?

_____

_____

Riqueza Espiritual: ¿Qué es lo que hace por su vida espiritual?

- ¿En dónde invierte su tiempo?
- ¿Qué libros lee?
- ¿Qué tipo de música escucha?
- ¿Dedica tiempo para orar o meditar?

¿Qué haría para mejorar su vida espiritual?

_____

_____

_____

Sección 7: Frases Sabias

FRASES SABIAS

Un plan para Usted:

En la vida hay que tener un plan. ¿Es su plan que su familia prospere, pero sin dañarla? ¿Sus planes le dan esperanza a su familia para un mejor futuro?

Sea Ejemplo para sus Hijos:

Enseñe a sus hijos el camino correcto, y cuando crezcan tomaran buenas decisiones.

Dar:

Así como recibimos ayuda de la comunidad, deberíamos considerar devolver algo a la comunidad.

Cuando de algo, hágalo con alegría.

Ahorros:

Veamos como ejemplo a las hormigas que trabajan todo el verano almacenando comida, para cuando llega el invierno tendrán suficiente comida para todos.

Necesidad o Gustos:

No se puede servir a dos amos, debemos distinguir entre lo que necesitamos y lo que queremos"
"Si solo se cumplen los gustos entonces sufriremos las consecuencias de no atender las necesidades".

Es importante ayudar a los demás cuando están en medio una situación inesperada, como un desastre natural. Sin embargo, es importante primero ocuparse de nuestros deberes como pagar los recibos, lavar la ropa y comprar comida. Así no seremos carga para otras personas.

Ayuda en las Pruebas:

Invierta su tiempo en desarrollar amistades, con personas que lo apoyaran cuando usted pase por una prueba.

Trabajo:

Las oportunidades no son producto de la casualidad, más bien son resultado del trabajo.

FRASES SABIAS

Apuestas:

El apostar tal vez de ganancias a corto plazo, pero si mejor se ahorra ese dinero, se podrá usar para el futuro.

Tiempo:

A veces el tiempo no es suficiente para hacer todas nuestras tareas en un día. Y algunas veces perdemos el tiempo en cosas sin importancia, tomemos control de nuestro tiempo.

Remordimientos después de Gastar:

Usted es una creación maravillosa. El gastar dinero no le ayudara a sentirse mejor, al contrario. Sera como despilfarrar dinero.

Aprenda y enseñe a sus hijos:

Las personas pasan por pruebas durante su vida. Sin embargo, cuando las pruebas pasen, esto les hará ser más fuertes y mejores personas.

Deudas:

Las personas sabias siempre reconsideran el pedir un préstamo, ellos entienden que, si no se hacen los pagos, se quedarán sin nada. Cuando se pide dinero prestado a amigos o familiares, esto puede afectar su relación.

¡Sea agradecido del dinero que tiene!

¡Den gracias por todo!

Yo puedo cambiar mis hábitos:

A las personas que les gusta aprenden cosas nuevas, pueden tener una mejor vida. Aquellas que ignoran las enseñanzas repiten sus errores.

Voluntariado: *Es más gratificante, dar que recibir.*

FRASES SABIAS

Otras maneras de ser exitoso:

Aquellos que aman el dinero nunca tendrán suficiente. El dinero NO trae la verdadera felicidad.

Amistades Exitosas

Invierta su tiempo en crear buenas amistades.

¡Buenas influencias!:

Somos buena o mala influencia para otros. Encuentre modos de ser una influencia positiva para los demás.

¡Riqueza Espiritual!

Usted no es un humano en un viaje espiritual. Usted es un espíritu en un viaje humano.

¿Qué es importante?

Esfuérzate para la vida que fuiste creado.

Sección 8: Información

57

RECURSOS

Aplicaciones de presupuesto: Qapital para la elaboración de presupuestos; Rocket Money o Mint para rastrear gastos.

Organizando y limpiando su casa: Sitio web en ingles: www.flylady.net

Ideas para Ropa y atuendos: Sito web en ingles: www.missussmartypants.com

Articulos limpieza, decoraciones, atuendos y mas: Sitio web: www.pinterest.com

Reportes de Credito: Sitio web: www.creditkarma.com

Actividades gratuitas: Sitio web en ingles: **www.mrfreestuff.com**
- Llame a los museos y pregunte cuando la entrada es gratis.
- Busque actividades en la Biblioteca

NOTA: Tiene que indicar la ciudad donde anda buscando las actividades.

Internet - Comcast a $9.95 por mes usted debe cumplir los siguientes requisitos:
- Debe estar dentro del área donde Comcast ofrece servicios.
- Tener al menos un niño que reciba almuerzo gratis en la escuela través del Programa Nacional de Almuerzos.
- No tener un contrato con Comcast por al menos los ultimo 90 días.
- No tener recibos de Comcast sin pagar o equipo sin regresar.

Llama al 1-800-934-6489

Vivienda Sitio web: www.habitat.org

Habitat for Humanity es una organización que ayuda a personas de bajos ingresos a obtener casa con precios accesibles.

Page sus deudas: Reducción de Deudas.

ClearPoint: **www.clearpoint.org/es/** o 1-866-559-8198
Trinity Debt Management (Ingles): **www.trinitycredit.org** o 1-800-758-3844

Comparta sus logros:
Cuando cambie un hábito, pague deudas, empiece un ahorro o algo más y le gustaría compartir con otros. Usted puede poner su historia en nuestra página de Facebook o mandar un email a sara@moneyandme.cash

SEGUIMIENTO: Al Reunirse con un Mentor

Es de mucha ayuda reunirse con alguien individualmente después de completar la clase del Dinero y YO. Por favor avísele a uno de los entrenadores, si le gustaría reunirse con un Mentor.

Esta es la lista que usted y su Mentor usaran para revisar lo aprendido en el Libro de Trabajo. Esto le permitirá ver las áreas que ha completado y las áreas donde necesita ayuda.

Tema	Lo Entendí bien	Necesito más ayuda	Notas
Hoja de Ingresos y Gastos			
Ahorros			
Necesidad o Gustos			
¿Cuánto Gasta en un Año?			
Actividades Divertidas			
Planee a Futuro			
Ahorrador o gastador			
Hábitos malos y buenos			
Comida de la Semana			
Sentimientos afectan sus Gastos			
Calendario de Ingresos y recibos			
Presupuesto Mensual			
Sistema de Dinero en Sobres			
Lista de Gastos por Categoría			
Lista de Deudas y Plan de Pagos			
Limites			
Plan para Dinero extra			
¡Yo puedo cambiar!			
Otras maneras de ser exitoso			
Frases Sabias			

Preguntas adicionales para discutir:

1. ¿Por qué es bueno ahorrar para emergencias?
2. ¿Cuánto seria su meta para ahorrar para emergencias? ¿Cuándo podría empezar?
3. ¿Cuál es la diferencia entre necesidades y gustos? ¿Cómo puede diferenciarlos?
4. ¿Cómo le va con las pláticas sobre el dinero con su familia o con una persona confiable?
5. ¿Cuáles son las tareas que usted tiene que encargarse diariamente (recuerda el ejemplo de la mochila) para que no se vuelvan una carga?
6. ¿Sigue usando el Sistema de Dinero en sobres? Si contesto si ¿Está funcionando? Si contesto no, podemos hablar más y ver si hay cosas que se pueden hacer para que el sistema funcione mejor
7. ¿Cuál habito está tratando de cambiar y cómo se siente?
8. ¿Tiene deudas? ¿Tiene un plan de pagos y como le van con el plan?
9. ¿Cuál frase le ha sido de más ayuda?
10. ¿Le gustaría reunirse con su Mentor otra vez?
    Si al participante le gustaría volverse a reunir, elija un lugar y hora.

ENCUESTA: Debe entregarse al final del taller

Use letra de molde, por favor.

Nombre _____ Fecha _____

¿Recomendaría esta clase a un amigo y lo animaría a asistir?	Si	No
¿Le resulto fácil entender al entrenador?	Si	No
¿Se sintió con la libertad de hacer preguntas?	Si	No
¿El asistente le dio todo el material que usted necesito?	Si	No
¿Tuvo algún problema con la guardería? (Si trajo niños) Si usted tuvo un problema con la guardería, por favor coméntelo con alguien del programa o escriba atrás de esta hoja).	Si	No
¿Estaría dispuesto a hacer un seguimiento?	Si	No

Vea su Hoja de Ingresos y Gasto y conteste lo siguiente:

Su ingreso mensual $ _____
Ingreso mensual de la pareja $ _____
Ingreso mensual extra $ _____

Circule cada cuando le pagan: Diario   Semanal   Cada Dos Semanas   Mensual

Vea la Hoja de Deudas y conteste lo siguiente:

Circule el Total de dinero que debe (no incluya la hipoteca o el pago del carro)

Nada   Menos de $500 $501 - $2,000 $2,001 - $5,000 $5,001 - $10,000   Más de $10,000

¿Cuál de las ideas que aprendió durante El Dinero y YO va a poner en práctica de inmediato?

_____

¿Cómo cree que esto cambiara su vida? _____

¿En cuáles hábitos va a empezar a trabajar? _____

	Aprendí cómo hacerlo	Necesito ayuda
Crear un presupuesto		
Separar el dinero en categorías		
Usar el Sistema de Dinero en Sobres		
Ahorrar para emergencias		
Identificar necesidades o gustos		
Cambie un hábito - ¿Cual hábito usted cambiara?		
Crear un plan de pagos		
Reducir gastos		

Califique esta clase: (circule solo uno)   Excelente   Bueno   Pobre

Por favor escriba en la parte de atrás cualquier otro comentario.

Made in the USA
Monee, IL
02 November 2023

45668412R00035